www.ingramcontent.com/pod-product-compliance
Lightning Source LLC
Chambersburg PA
CBHW030009190526
45157CB00014B/1815
* 9 7 8 1 0 7 7 5 9 5 1 3 2 *